Impressum
Verlag: BABADADA GmbH, Nedderfeld 112 , 22529 Hamburg
Geschäftsführer / Verlagsleitung: Harald Hof
Druck: Books on Demand GmbH, In de Tarpen 42, 22848 Norderstedt

Imprint
Publisher: BABADADA GmbH, Nedderfeld 112 , 22529 Hamburg, Germany
Managing Director / Publishing direction: Harald Hof
Print: Books on Demand GmbH, In de Tarpen 42, 22848 Norderstedt, Germany

школа

سکول

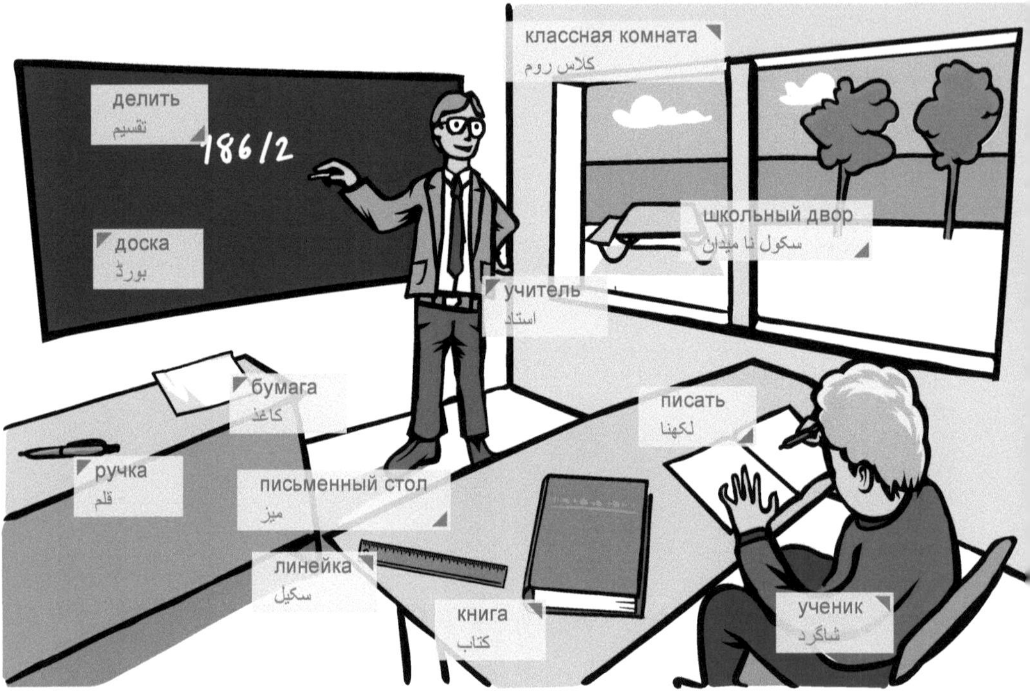

классная комната
کلاس روم
делить
تقسیم
186/2
доска
بورڈ
школьный двор
سکول نا میدان
учитель
استاد
бумага
کاغذ
писать
لکھنا
ручка
قلم
письменный стол
میز
линейка
سکیل
книга
کتاب
ученик
شاگرد

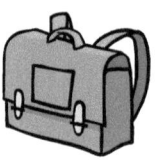

ранец

جزدان

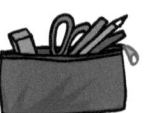

пенал

پینسل دا ڈبہ

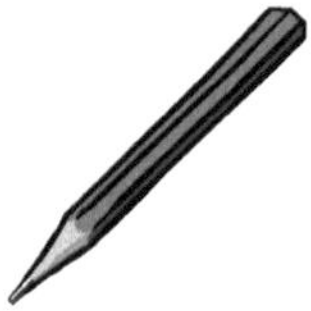

карандаш

پینسل

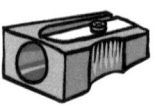

точилка

پینسل شارپنر

ластик

ربر

альбом для рисования

ڈرائنگ پیڈ

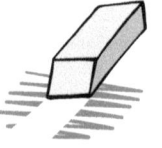

рисунок

ڈرائنگ

кисточка

پینٹ برش

коробка красок

پینٹ باکس

ножницы

قینچی

клей

گلو

тетрадь

مشقی کتاب

домашняя работа

گھر دا کم

цифра

عدد

прибавлять

جمع

вычитать

تفریق

умножать

ضرب

считать

کیلکولیٹ

буква

خطرہ

алфавит

حروف تہجی

слово

لفظ

текст

متن

читать

پڑھنا

мел

چاک

урок

سبق

классный журнал

رجسٹر

экзамен

امتحان

диплом

سند

школьная форма

سکول نی وردی

образование

تعلیم

энциклопедия

انسائیکلوپیڈیا

университет

یونیورسٹی

микроскоп

مائیکرو سکوپ

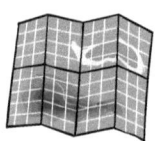

карта

نقشہ

корзина для бумаг

کچرے نا ڈبہ

гостиница
ہوٹل

турбаза
ہاسٹل

ROOMS

пункт обмена валюты
ایکسچینج دفتر

EXCHANGE

чемодан
سوٹ کیس

автомобиль
کار

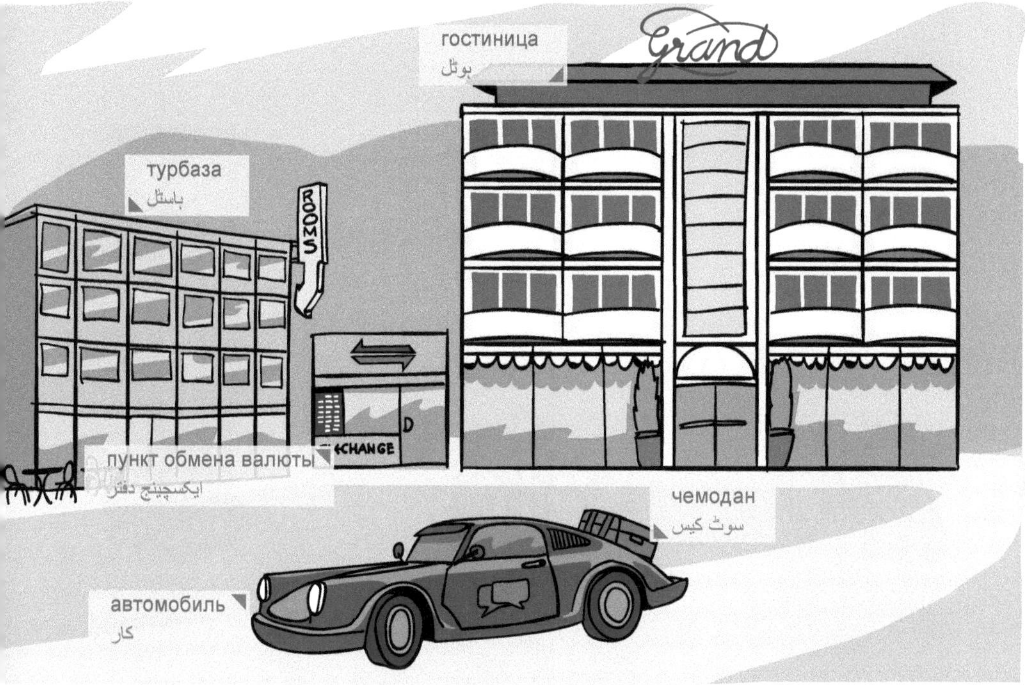

язык

بولی

да / нет

ہاں /نہیں

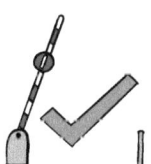

хорошо

ٹھیک ہے

Привет

اسلام و علیکم

переводчик

ترجمان

Спасибо

شکریہ

Сколько стоит...?

ایہہ کننے نے ؟

Я не понимаю

می سمجھ نئیں رلی

проблема

مسئلہ

Добрый вечер!

اسلام و علیکم

Доброе утро!

اسلام و علیکم

Доброй ночи!

اللہ حافظ

До свидания

اللہ نے حوالے

направление

سمت

багаж

سامان

сумка

بیگ

рюкзак

بیک پیک

гость

مہمان

комната

کمرہ

спальный мешок

سلیپنگ بیگ

палатка

خیمہ

туристическая информация

سياح لئی معلومات

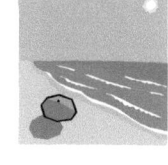

пляж

ساحل سمندر

кредитная карточка

کریڈٹ کارڈ

завтрак

ناشتہ

обед

دوپہر نا کھانا

ужин

رات نا کھانا

билет

ٹکٹ

лифт

لفٹ

почтовая марка

مہر

граница

بارڈر

таможня

کسٹمز

посольство

ایمبیسی

виза

ویزا

паспорт

پاسپورٹ

транспорт

ٹرانسپورٹ

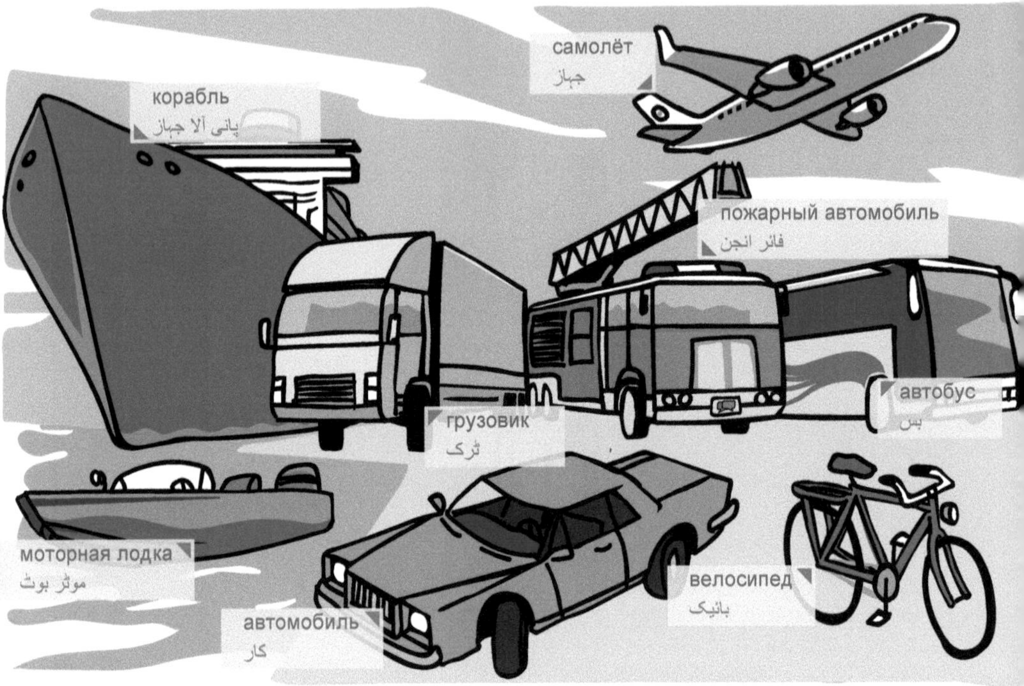

самолёт
جہاز
корабль
پانی آلا جہاز
пожарный автомобиль
فائر انجن
автобус
بس
грузовик
ٹرک
моторная лодка
موٹر بوٹ
велосипед
بائیک
автомобиль
کار

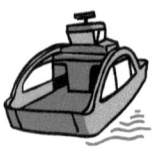

паром

فیری

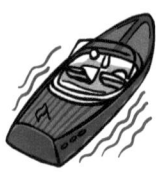

лодка

کشتی

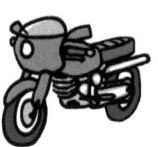

мотоцикл

موٹر بائیک

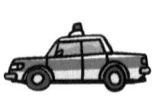

полицейский автомобиль

پولیس کار

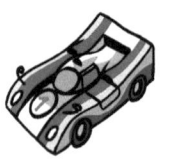

гоночный автомобиль

ریسنگ کار

арендованный автомобиль

کرایہ نی گڈ

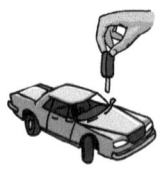

совместное пользование
автомобилями

كار شيئرنگ

буксировочный
автомобиль

بريک ڈاؤن ٹرک

мусоровоз

ريفيوز ٹرک

двигатель

موٹر

топливо

فيول

заправка

پٹرول سٹيشن

дорожный знак

ٹريفک سائن

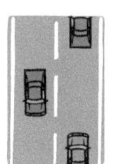

движение

ٹريفک

пробка

ٹريفک جام

автостоянка

كار پارک

вокзал

ريل سٹيشن

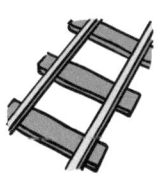

рельсы

ٹريکس

поезд

ريل

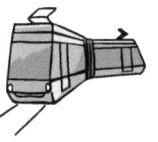

трамвай

ٹرام

вагон

كيرج

вертолёт

بیلی کاپٹر

аэропорт

ائر پورٹ

вышка

مینار

пассажир

مسافر

контейнер

کنٹینر

коробка

کاٹن

тележка

چھکڑا

корзина

بالٹی

взлетать / приземляться

اڑنا / لبنا

город

شہر

деревня

پنڈ

центр города

سٹی سینٹر

дом

گھار

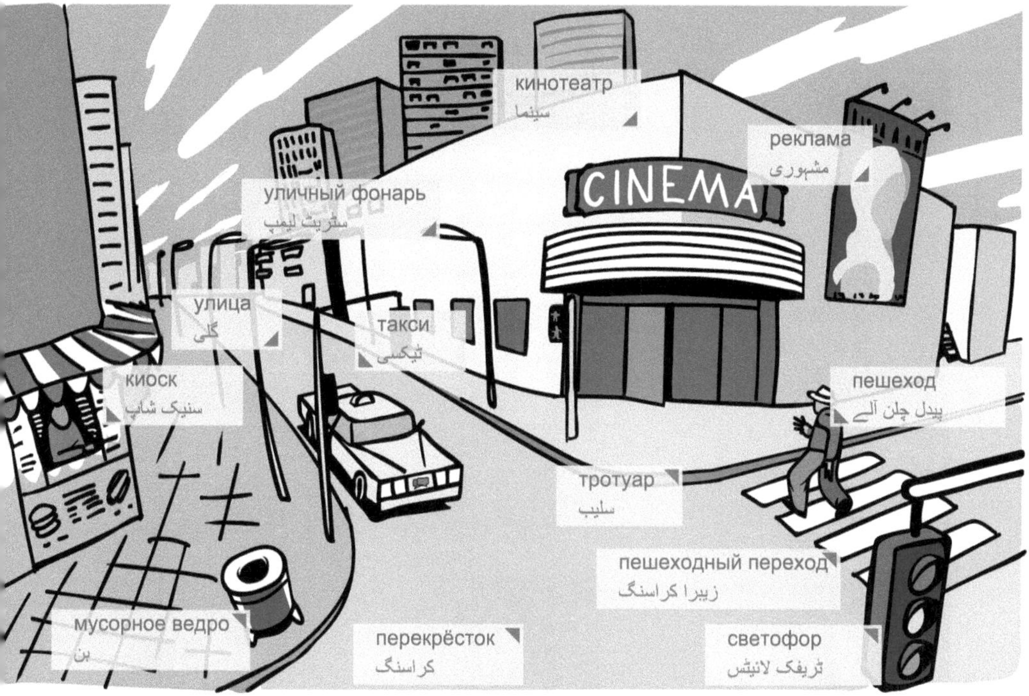

кинотеатр
سینما

реклама
مشہوری

уличный фонарь
سٹریٹ لیمپ

улица
گلی

такси
ٹیکسی

киоск
سنیک شاپ

пешеход
پیدل چلن آلے

тротуар
سلیپ

пешеходный переход
زیبرا کراسنگ

мусорное ведро
بن

перекрёсток
کراسنگ

светофор
ٹریفک لائٹس

хижина

بٹ

квартира

فلیٹ

вокзал

ریل سٹیشن

ратуша

ٹاؤن ہال

музей

میوزنیم

школа

سکول

университет

يونیورسٹی

банк

بنک

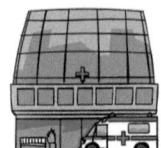

больница

ہسپتال

гостиница

ہوٹل

аптека

فارمیسی

офис

دفتر

книжный магазин

کتب خانہ

магазин

ہٹی

цветочный магазин

پھلاں الے

супермаркет

سپر مارکیٹ

рынок

بازار

универмаг

ڈیپارٹمنٹ سٹور

торговец рыбой

مچھیرے

торговый центр

شاپنگ سینٹر

порт

بندرگاہ

парк

پارک

скамейка

بنچ

мост

پل

лестница

سیڑھیاں

метро

انڈر گراؤنڈ

тоннель

ٹنل

автобусная остановка

بس سٹاپ

бар

بار

ресторан

ریسٹورنٹ

почтовый ящик

پوسٹ بکس

табличка с названием
улицы

سٹریٹ سائن

паркометр

پارکنگ میٹر

зоопарк

چڑیا کھار

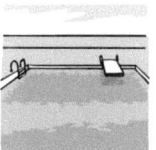

бассейн

سونمنگ پول

мечеть

مسجد

ферма

فارم

загрязнение окружающей среды

آلودگی

кладбище

قبرستان

церковь

چرچ

детская площадка

پلے گراؤنڈ

храм

مندر

ландшафт

منظر

лист

پتہ

дорожный указатель

سائن پوسٹ

дорога

راہ

луг

سر سبز میدان

камень

پتھر

дерево

درخت

путешественник

بانکر

река

دریا

трава

کاہ

цветок

پھول

долина

وادی

гора

پہاڑی

озеро

نہر

лес

جنگل

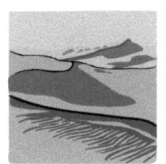

пустыня

صحرا

вулкан

آتش فشاں

замок

قلعہ

радуга

رین بو

гриб

کھمبی

пальма

پام ٹری

комар

مچھر

муха

مکھی

муравей

چیونٹا

пчела

مکھی

паук

مکڑی

жук

بھونرا

лягушка

مینڈک

белка

گلہری

еж

سیہہ

заяц

ساہیا

сова

الو

птица

پرندہ

лебедь

راج ہنس

кабан

نر سور

олень

ہرن

лось

بارہ سنگا

плотина

ڈیم

ветряной генератор

ونڈ ٹربائن

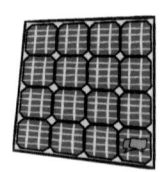

солнечная батарея

شمسی توانائی دا پینل

климат

آب و ہوا

ресторан
ریسٹورنٹ

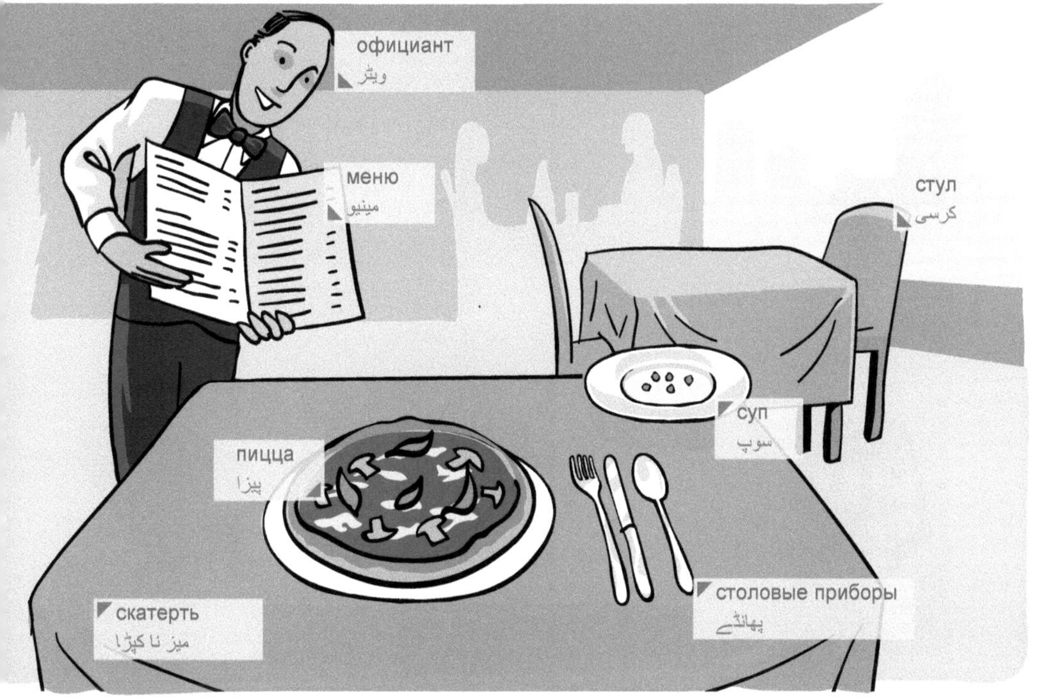
официант
ویٹر
меню
مینیو
стул
کرسی
суп
سوپ
пицца
پیزا
скатерть
میز نا کپڑا
столовые приборы
پھانڈے

закуска

سٹارٹر

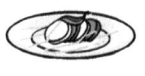

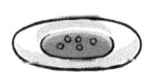

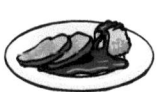

главное блюдо

مین کورس

десерт

ڈیزرٹ

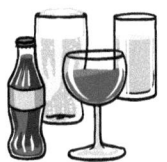

напитки

مشروب

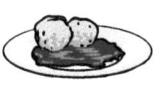

еда

کھانا

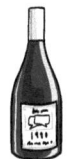

бутылка

بوتل

фастфуд

فاسٹ فوڈ

уличная еда

سٹریٹ فوڈ

чайник

ٹی پاٹ

сахарница

شوگر بول

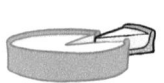

порция

پورشن

кофеварка

اسپریسو مشین

детский стульчик

بانی چیئر

счет

بل

поднос

ٹرے

нож

چھری

вилка

کانٹا

ложка

چمچ

чайная ложка

ٹی سپون

салфетка

تولیہ

стакан

گلاس

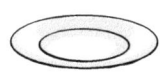

тарелка

پلیٹ

суповая тарелка

سوپ پلیٹ

блюдце

ساسر

соус

چٹنی

солонка

نمک دانی

мельница для перца

پیپر مل

уксус

سرکہ

масло

تیل

специи

مصالحہ

кетчуп

کیچپ

горчица

سرسینوں

майонез

مینیز

супермаркет

سپر مارکیٹ

специальное предложение
سپیشل آفر
FOR
покупатель
گاہک
молочные продукты
ڈیری
фрукты
پھل
тележка для покупок
ٹرالی

BUTCHERS

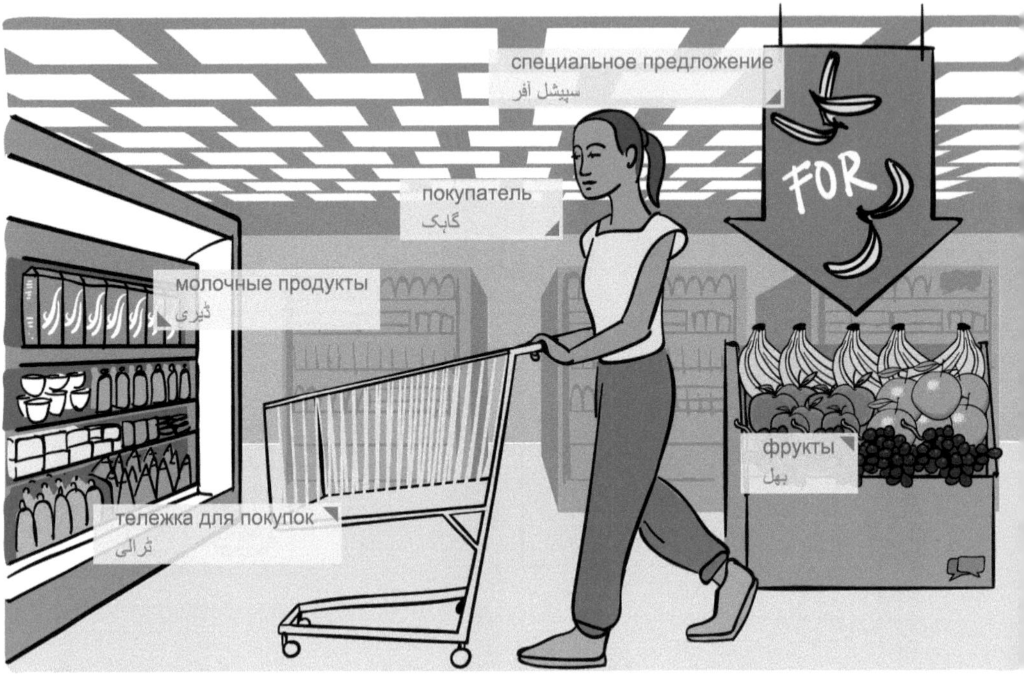

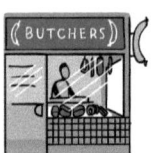

мясной магазин

قصائی

BAKERY

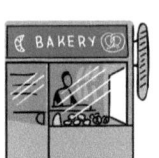

пекарня

بیکرز

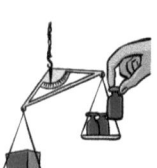

взвешивать

وزن

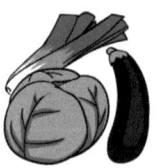

овощи

سبزیاں

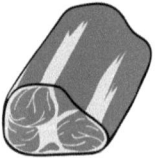

мясо

گوشت

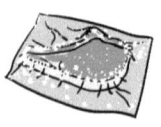

быстрозамороженные продукты

فروزن فوڈ

нарезка

کولڈ گوشٹ

консервы

ٹن فوڈ

стиральный порошок

واشنگ پوڈر

сладости

مٹھائی

предмет домашнего обихода

گھار دیاں چیزاں

моющее средство

صفائی آلی چیزاں

продавщица

سیل مین

касса

ٹل

кассир

کیشئیر

список покупок

شاپنگ لسٹ

время работы

کھلن دا ویلا

бумажник

پرس

кредитная карточка

کریڈٹ کارڈ

сумка

بیگ

полиэтиленовый пакет

پلاسٹک بیگ

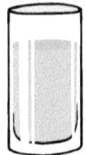

вода

پانی

сок

جوس

молоко

دده

кока-кола

کوک

вино

شراب

пиво

شراب

алкоголь

شراب

какао

کوکا

чай

چا

кофе

کافی

эспрессо

أسپريسو

капучино

کیپچینو

банан

کیلا

яблоко

سیب

апельсин

موسمبی

арбуз

تربوز

лимон

نیمبو

морковь

گاجر

чеснок

لہسن

бамбук

بانس

лук

پیاز

гриб

کھمبی

орехи

میوے

лапша

نوڈلز

спагетти

سپیگیٹی

рис

چاول

салат

سلاد

картофель фри

چپس

жареный картофель

تلے ہوئے آلو

пицца

پیزا

гамбургер

بیم برگر

сэндвич

سینڈوچ

шницель

تکے

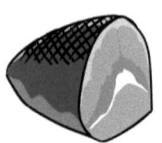

ветчина

بیم

салями

سلامی

колбаса

ساسج

курица

مرغی

жаркое

بھنیا ہویا

рыба

مچھی

овсяные хлопья

جو نا دلیہ

мюсли

مولی

кукурузные хлопья

کارن فلیکس

мука

آٹا

круассан

کرائنسنٹ

булочка

بریڈ رول

хлеб

روٹی

тост

ٹوسٹ

печенье

بسکٹ

масло

مکھن

творог

دہی

пирог

کیک

яйцо

انڈا

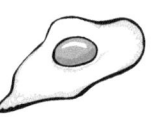

яичница

تلیا انڈا

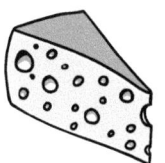

сыр

پنیر

мороженое

آئس کریم

сахар

چینی

мёд

شہد

мармелад

جام

крем с нугой

چاکلیٹ سپریڈ

карри

سالن

крестьянский дом
فارم هاؤس

сарай
گودام

тюк из соломы
ونڈا

поле
جيوين

лошадь
گھوڑا

прицеп
ٹرالی

жеребёнок
بچھيرا

трактор
ٹريکٹر

осёл
گھدا

овца
بھيڑ

ягнёнок
بھيڑ

коза
بکری

корова
گاں

телёнок
بچھڑا

свинья
سور

поросёнок
پگ لیٹ

бык
بیل

гусь

بطخ

утка

بطخ

цыплёнок

چوزه

курица

مرغی

петух

مرغا

крыса

چوہا

кошка

بلی

мышь

چوہا

вол

بیل

собака

کتا

конура

کتے نا کھار

садовый шланг

لان نا پائپ

лейка

پانی نا ڈبی

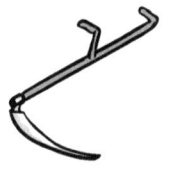

коса

درانتی

плуг

ہل

ферма - فارم

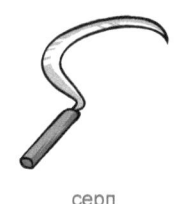

серп

درانتی

мотыга

ہو

навозные вилы

ترنگل

топор

کوباڑی

тачка

ریڑھی

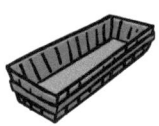

корыто

ڈونگا

бидон для молока

ددھ ناٹیہ

мешок

بورا

забор

باڑ

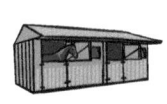

хлев

اصطبل

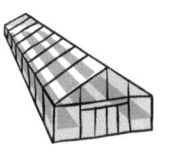

теплица

گرین ہاؤس

почва

مٹی

посев

بیج

удобрение

کھاد

комбайн

کمبائن ہارویسٹر

ферма - فارم   29

собирать урожай

فصل

урожай

فصل

ямс

يامز

пшеница

كنك

соя

سويا

картофель

آلو

кукуруза

مكئى

рапс

تلى

фруктовое дерево

پھلدار درخت

маниок

كاساوا

злаки

اناج

ДОМ
کھار

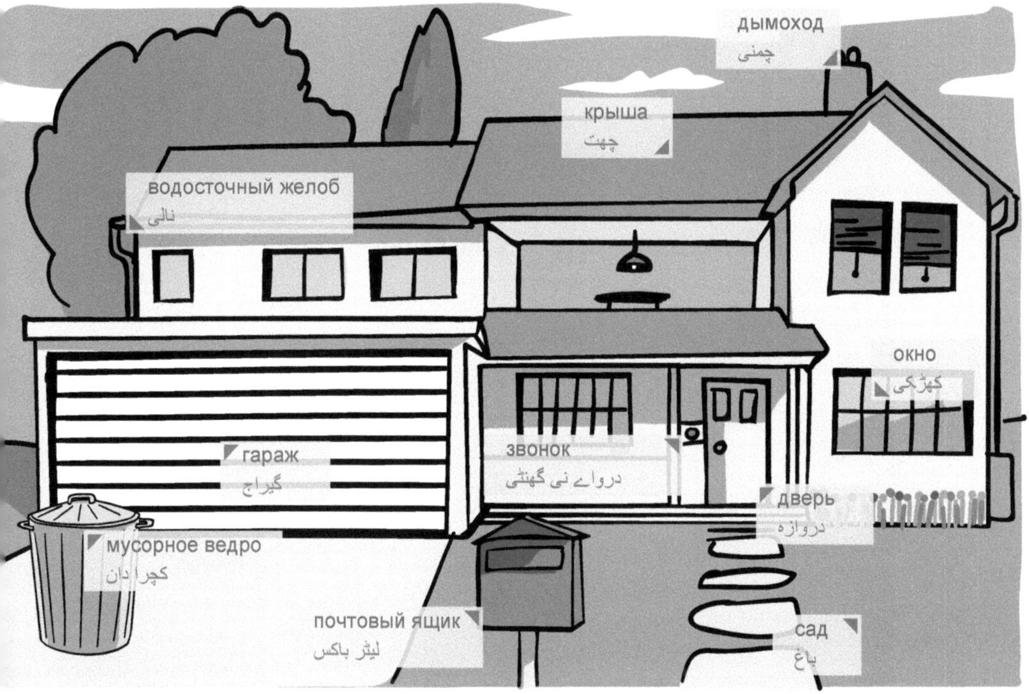

дымоход
چمنی
крыша
چھت
водосточный желоб
نالی
окно
کھڑکی
гараж
گیراج
звонок
دروازے نی گھنٹی
дверь
دروازہ
мусорное ведро
کچرا دان
почтовый ящик
لیٹر باکس
сад
باغ

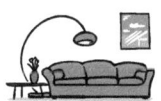

гостиная
لونگ روم

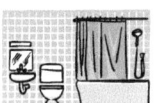

ванная комната
باتھ روم

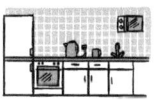

кухня
باورچہ خانہ

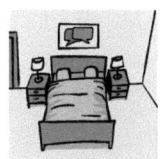

спальня
بیڈروم

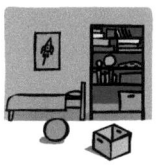

детская комната
بچیاں نا کمرہ

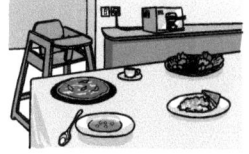

столовая
ڈائننگ روم

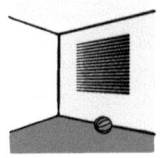

пол

فرش

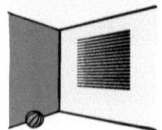

стена

دیوار

потолок

چھت

подвал

تہھ خانہ

сауна

سوانا

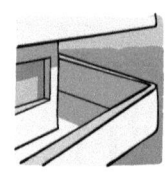

балкон

بالکنی

терраса

ٹیرس

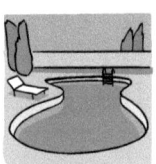

бассейн

پول

газонокосилка

لان موور

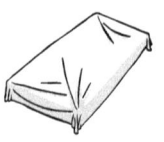

пододеяльник

شیٹ

покрывало

بیڈ سپریڈ

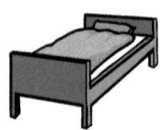

кровать

بیڈ

метла

جھاڑو

ведро

بالٹی

выключатель

سوئچ

гостиная
لونگ روم

обои
وال پیپر
рисунок
تصویر
лампа
لیمپ
полка
شیلف
шкаф
الماری
телевизор
ٹیلیویژن
камин
آگ دان
цветок
پھل
подушка
کشن
диван
صوفہ
ваза
گلدان
пульт дистанционного управления
ریموٹ کنٹرول

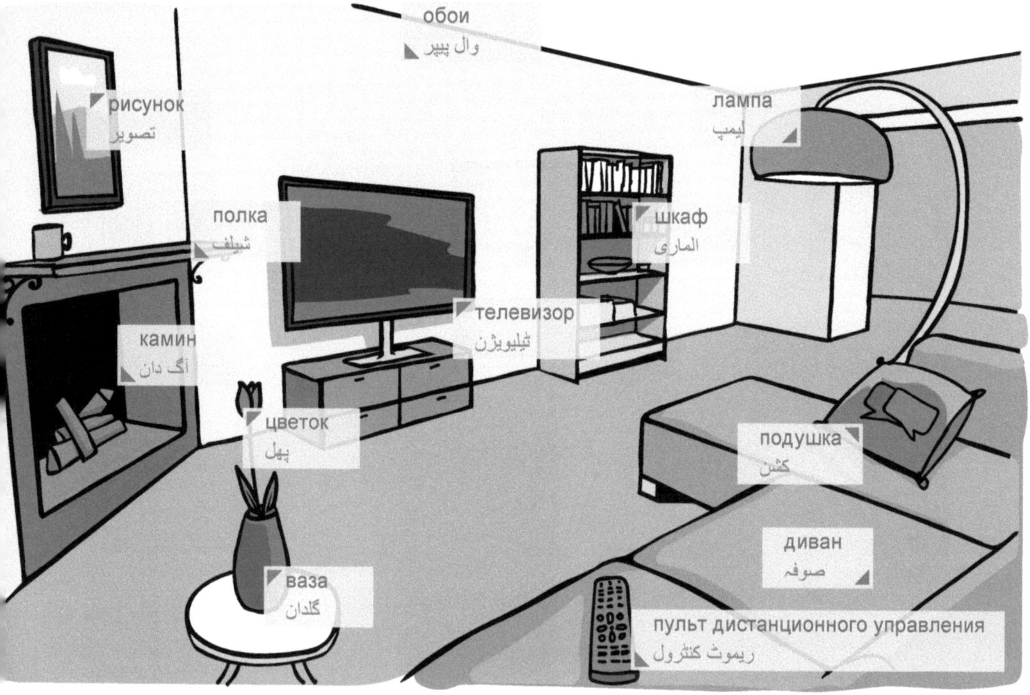

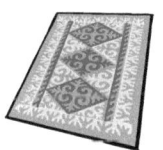

ковёр

قالین

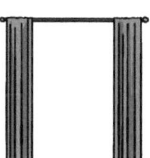

штора

پردے

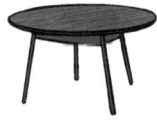

стол

میز

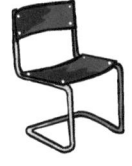

стул

کرسی

кресло-качалка

راکنگ چئیر

кресло

آرم چئیر

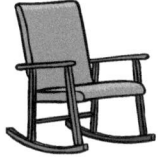

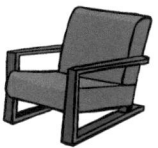

книга

كتاب

покрывало

كمبل

украшение

ڈیکوریشن

дрова

کولے

фильм

فلم

стереосистема

ہائی فائی آلات

ключ

چابی

газета

اخبار

картина

پینٹنگ

плакат

پوسٹر

радио

ریڈیو

блокнот

نوٹ پیڈ

пылесос

ہوور

кактус

کیکٹس

свеча

موم بتی

кухня

باورچہ خانہ

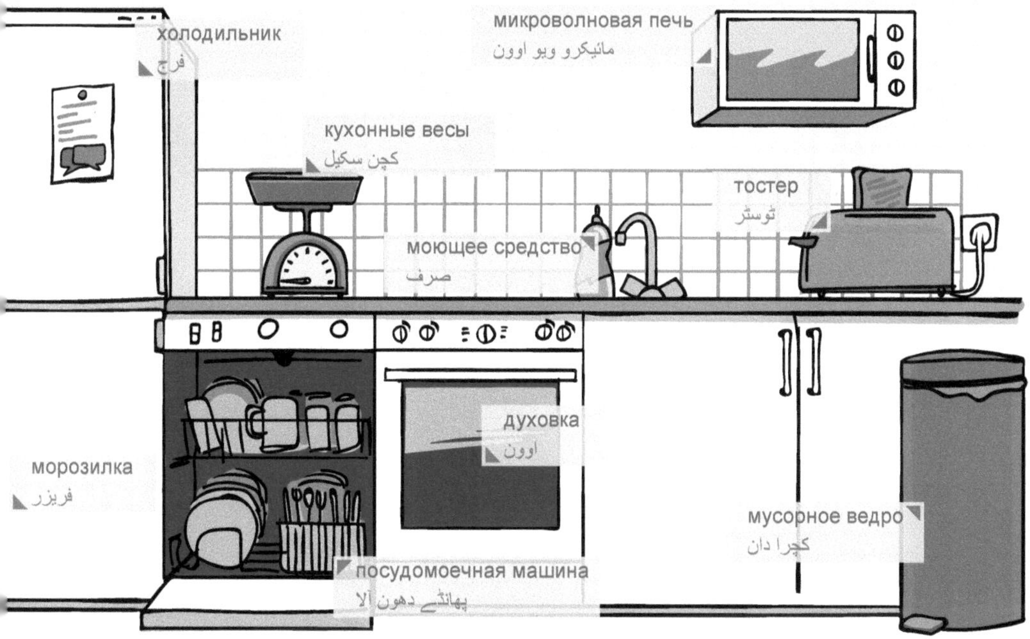
холодильник
فرج
микроволновая печь
مائیکرو ویو اوون
кухонные весы
کچن سکیل
тостер
ٹوسٹر
моющее средство
صرف
духовка
اوون
морозилка
فریزر
мусорное ведро
کچرا دان
посудомоечная машина
بھانڈے دھون آلا

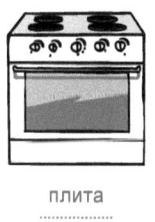

плита

ککر

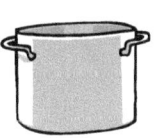

кастрюля

پاٹ

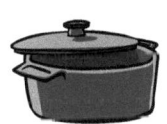

чугунный котелок

کاسٹ آئرن پاٹ

вок / кадай

ووک / کدائی

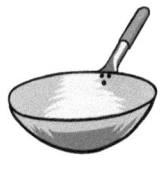

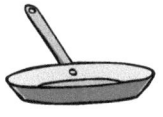

сковорода

پین

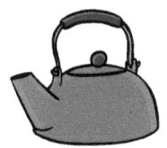

чайник

کیتلی

пароварка

ستیمر

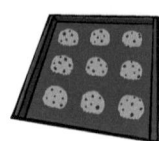

противень

بیکنگ ٹرے

посуда

پھانٹے

кружка

مگا

миска

پیالہ

палочки для еды

چوپ سٹکس

половник

کرچھل

лопатка

اسپالی

сбивалка

پھینٹن آلا

сито

چھننا

сито

چھننی

тёрка

جھاوان

ступка

کھان پکان آلا چمچہ

гриль

باربی کیو

костёр

چولھا

доска

کٹنگ بورڈ

скалка

رولنگ پن

штопор

کارک سکرو

жестяная банка

کین

консервный нож

کین کھولن آلا

прихватка

پاٹ پگڑن آلا

раковина

سنک

щетка

برش

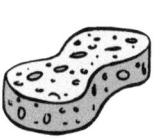

губка

سپنج

миксер

بلینڈر

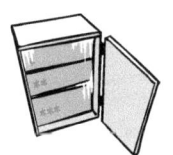

морозильная камера

ڈیپ فریزر

бутылочка для кормления

بچے نی بوتل

кран

ٹوٹی

ванная комната
باتھ روم

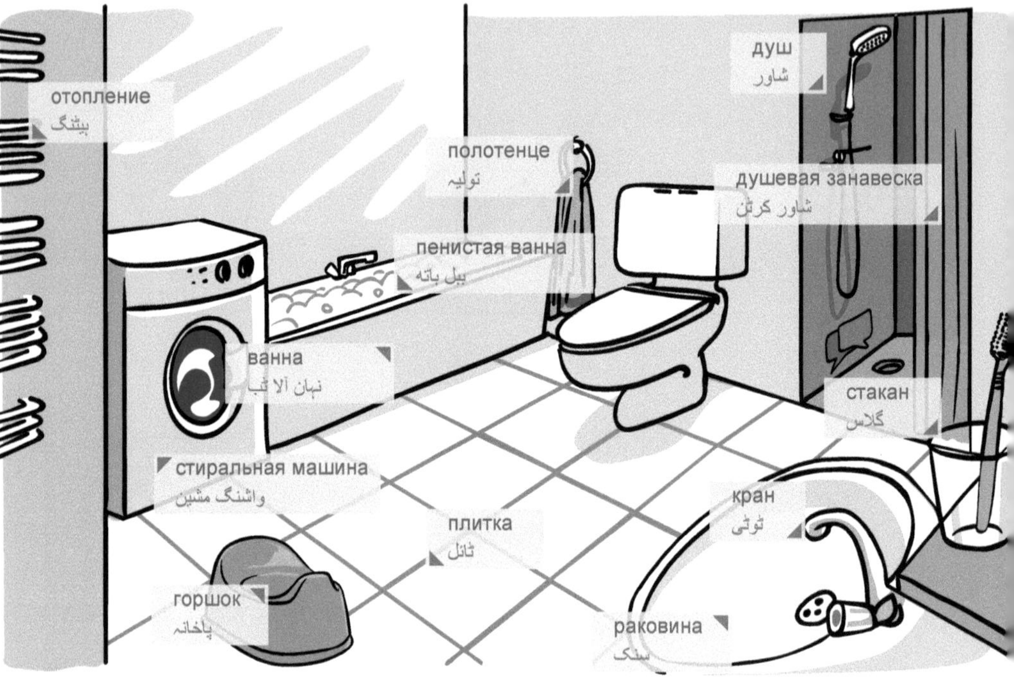
отопление
ہیٹنگ
полотенце
تولیہ
душ
شاور
душевая занавеска
شاور کرٹن
пенистая ванна
ببل باتھ
ванна
نہان آلا ٹب
стакан
گلاس
стиральная машина
واشنگ مشین
кран
ٹوٹی
плитка
ٹائل
горшок
پاخانہ
раковина
سنک

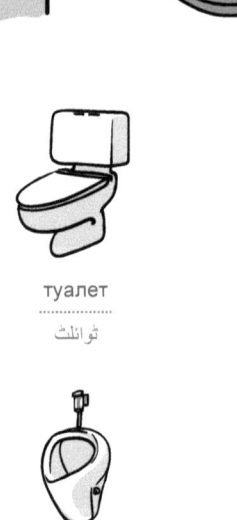

туалет
ٹوائلٹ

напольный унитаз
ٹوائلٹ

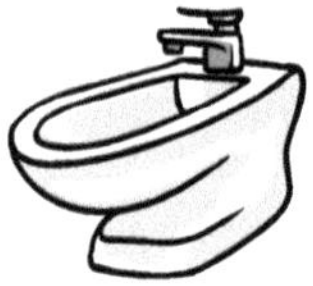

биде
بڈٹ

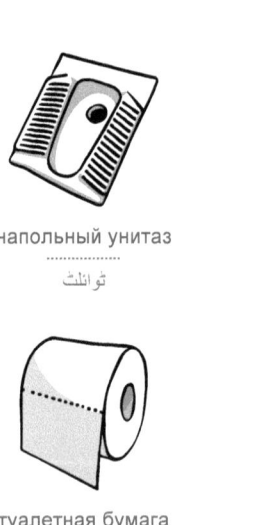

писсуар
پیشاب

туалетная бумага
ٹوائلٹ پیپر

ершик
ٹوائلٹ برش

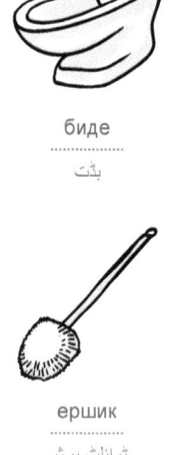

зубная щетка

ٹوتھ برش

зубная паста

ٹوتھ پیسٹ

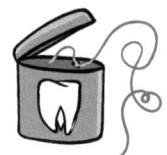

зубная нить

ڈینٹل فلاس

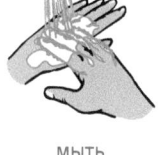

мыть

دھونا

ручной душ

بتھ وچ پھڑن آلا شاور

интимный душ

شاور

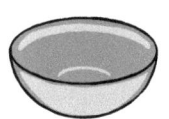

таз

بیسن

щетка для спины

بیک برش

мыло

صابن

гель для душа

شاور جیل

шампунь

شیمپو

мочалка

فلالین

сток

نالی

крем

کریم

дезодорант

ڈیوڈرنٹ

зеркало

آئینہ

ручное зеркало

ہتھ آلا شیشہ

бритва

استرا

пена для бритья

شیونگ فوم

лосьон после бритья

آفٹر سیو

расческа

کنگھا

щетка

برش

фен

ہیئر ڈرائر

лак для волос

ہیئر سپرے

косметика

میک اپ

губная помада

لپ سٹک

лак для ногтей

ناخن نی وارنش

вата

کاٹن وول

маникюрные ножницы

ناخن کٹر

духи

پرفیوم

косметичка

واش بيگ

табуретка

پاخانه

весы

وزن دا پيمانه

халат

باته نى المارى

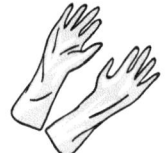

резиновые перчатки

ربر نے دستانہ

тампон

بقر

гигиеническая прокладка

توليہ سڻينڈ

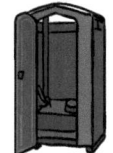

биотуалет

كيميكل توائلٹ

детская комната

بچیاں نا کمرہ

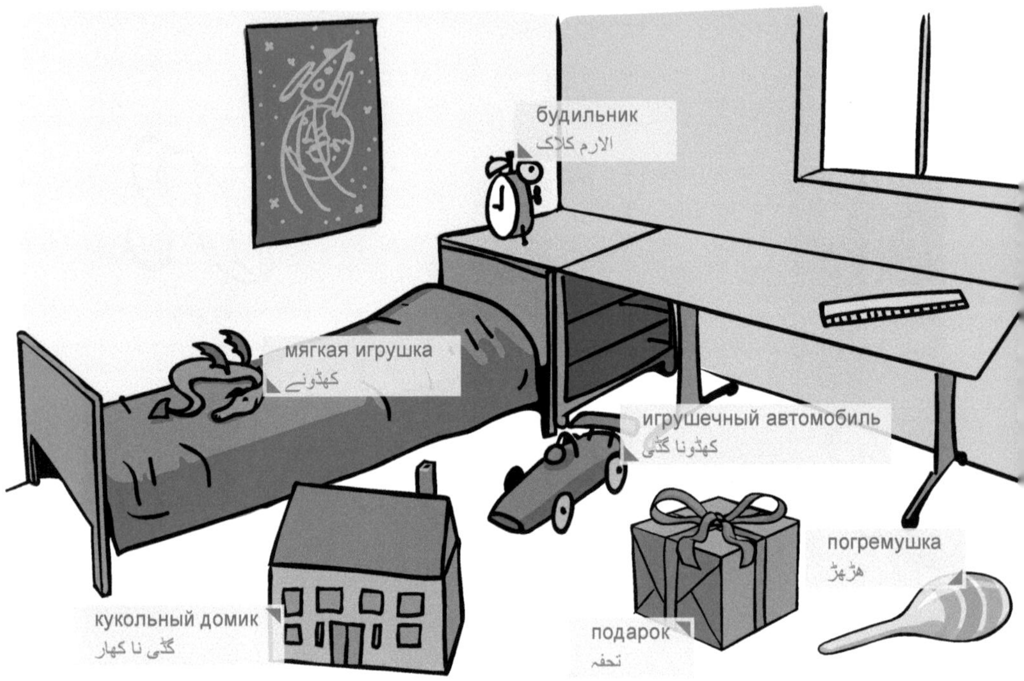
будильник
الارم کلاک
мягкая игрушка
کھڈونے
игрушечный автомобиль
کھڈونا گڈی
погремушка
ہڑبڑ
кукольный домик
گڈی نا گھار
подарок
تحفہ

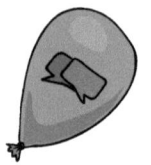

воздушный шар

پھکانا

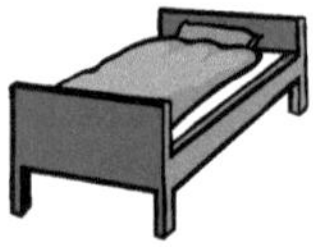

кровать

بیڈ

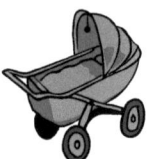

детская коляска

پرام

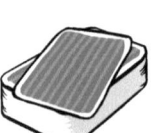

карточная игра

تاش نے پتے

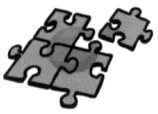

пазл

جگ سا

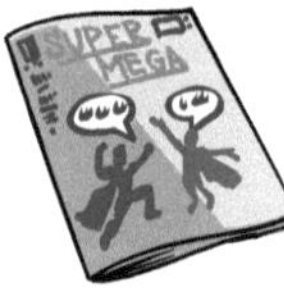

комикс

کامک

кирпичики Лего

لیگو بِرکس

кубики

بلڈنگ بلاکس

игрушечная фигурка

کھڈونا

ползунки

بےبی گرو

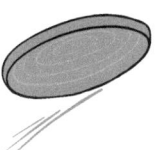

фрисби

فرزبی

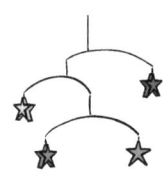

мобиле

موبائل

настольная игра

بورڈ گیم

кубик

ڈائس

модель железной дороги

ماڈل ٹرن سیٹ

соска

ڈمی

вечеринка

پارٹی

книга с картинками

تصویری کتاب

мяч

گیند

кукла

گڈی

играть

کھیڈنا

песочница

سینڈ پٹ

качели

جھولا

игрушка

کھلونے

игровая приставка

ویڈیو گیم کنسول

трёхколесный велосипед

ٹرائی سائیکل

плюшевый медвежонок

ٹیڈی بئیر

шкаф для одежды

الماری

одежда

کپڑے

носки

جراباں

чулки

جراباں

колготки

ٹائٹس

шарф
سکارف

зонтик
چھتری

футболка
ٹی شرٹ

ремень
بیلٹ

сапоги
بوٹ

тапки
سلیپر

кроссовки
جوگر

сандалии
سینڈل

ботинки
جوتی

резиновые сапоги
ربر نے جوتی

трусы
انڈر ونیر

бюстгальтер
برا

майка
بنیان

боди

جسم

брюки

پاجامہ

джинсы

جینز

юбка

سکرٹ

блузка

برا

рубашка

قمیض

свитер

سویٹر

свитер

ہوڈی

спортивная куртка

کوٹ

жакет

جیکٹ

пальто

کوٹ

плащ

برساتی

костюм

کاسٹیوم

платье

کپڑے

свадебное платье

شادی نا جوڑا

мужской костюм

سوٹ

ночная сорочка

راتے نے کپڑے

пижама

پاجامہ

сари

ساڑھی

платок

سکارف

тюрбан

پگڑی

паранджа

برقعہ

кафтан

کفتان

абайя

برقعہ

купальник

نہان والے کپڑے

плавки

انڈرونئیر

шорты

نیکر

спортивный костюм

ٹریک سوٹ

фартук

دھوتی

перчатки

دستانے

пуговица

بٹن

очки

چشمہ

браслет

بریسلیٹ

цепочка

ہار

кольцо

انگوٹھی

серьга

کنڈے

шапка

ٹوپی

вешалка

کوٹ ہینگر

шляпа

ٹوپی

галстук

ٹائی

застежка молния

زپ

шлем

ہیلمٹ

подтяжки

بریسز

школьная форма

سکول نی وردی

форма

وردی

детский нагрудник

بِب

соска

ڈَمی

подгузник

نَیپی

офис

دفتر

канцелярский шкаф
فائلاں نے الماری

сервер
سرور

принтер
پرنٹر

монитор
مانیٹر

бумага
کاغذ

письменный стол
میز

мышь
ماؤس

папка
فولڈر

клавиатура
کی بورڈ

корзина для бумаг
کچرے نا ٹوکریہ

стул
کرسی

компьютер
کمپیوٹر

кофейная кружка

کافی مگ

калькулятор

کیلکولیٹر

интернет

انٹرنیٹ

ноутбук

لیپ ٹاپ

письмо

خط

сообщение

پیغام

мобильный телефон

موبائل

сеть

نیٹ ورک

ксерокс

فوٹو کاپئیر

программа

سافٹ وئیر

телефон

ٹیلیفون

розетка

پلگ ساکٹ

факс

فکس مشین

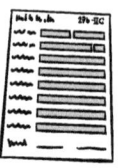

формуляр

فارم

документ

دستاویزات

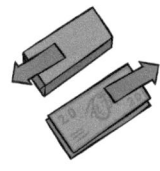
покупать

خریدنا

платить

ادا کرنا

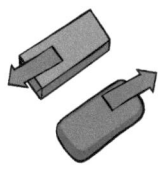
торговать

تجارت

деньги

پیسہ

доллар

ڈالر

евро

یورو

иена

ین

рубль

ربل

франк

سویس فرانک

жэньминьби юань

رینمینبی یوان

рупия

روپیہ

банкомат

کیش پوائنٹ

пункт обмена валюты

ایکسچینج دفتر

золото

سونا

серебро

چاندی

нефть

تیل

энергия

توانائی

цена

قیمت

договор

معاہدہ

налог

ٹیکس

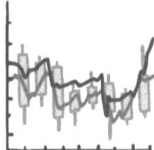

акция

سٹاک

работать

کم

служащий

ملازم

работодатель

أجر

фабрика

فیکٹری

магазин

بٹی

милиционер
پلس افسر

пожарный
اگ بجھان آلا

пилот
پائلٹ

врач
ڈاکٹر

повар
کک

садовник

مالی

столяр

برھنی

швея

درزن

судья

جج

химик

کیمسٹ

актёр

ایکٹر

водитель автобуса

بس ڈرائیور

таксист

ٹیکسی ڈرائیور

рыбак

مچھیرا

уборщица

صفائی آلی جنانی

кровельщик

روفر

официант

ویٹر

охотник

شکاری

художник

پینٹر

пекарь

بیکری آلا

электрик

الیکٹریشن

строитель

تعمیرات آلا

инженер

انجینئیر

мясник

قصائی

сантехник

پلمبر

почтальон

پوسٹ مین

солдат

سپاہی

архитектор

آرکیٹیکٹ

кассир

کیشئیر

флорист

پھلاں آلا

парикмахер

نائی

кондуктор

کنڈکٹر

механик

مکینک

капитан

کپتان

зубной врач

دندان ساز

ученый

سائنس دان

раввин

ربانی

имам

امام

монах

راہب

священник

انگریز

инструменты

ٹولز

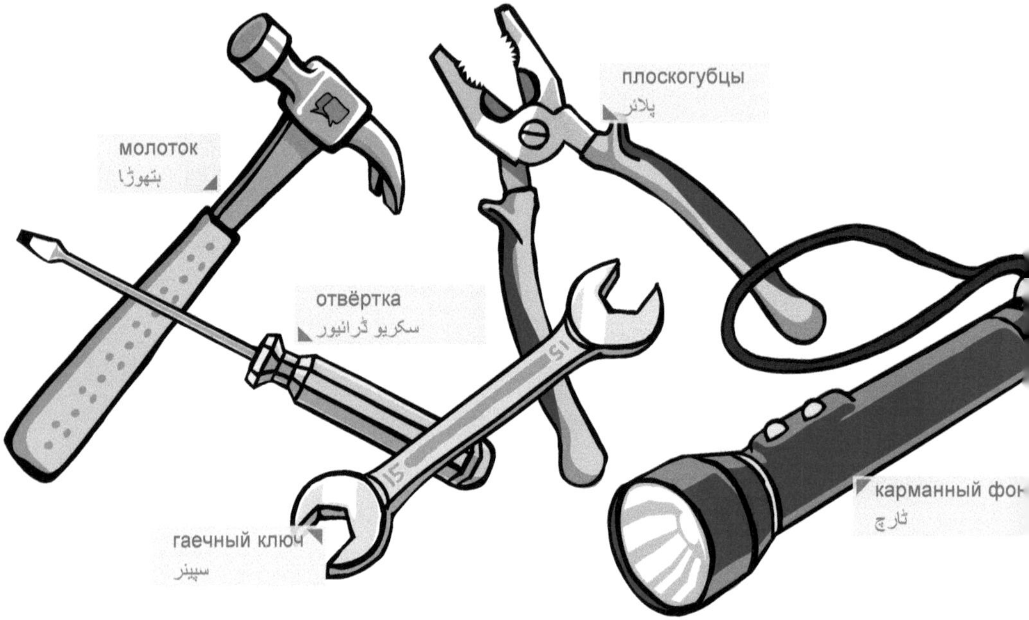

молоток
ہتھوڑا
плоскогубцы
پلائر
отвёртка
سکریو ڈرائیور
гаечный ключ
سپینر
карманный фон
ٹارچ

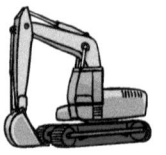

экскаватор

....

پھاوڑا

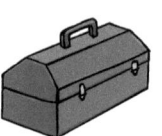

ящик для инструментов

....

ٹول باکس

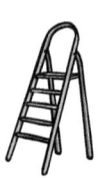

стремянка

....

سیڑھی

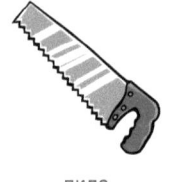

пила

....

آری

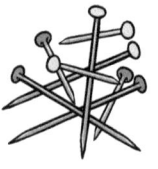

гвозди

....

کیل

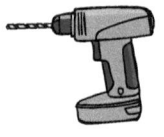

дрель

....

ڈرل

ремонтировать

مرمت

лопата

شاول

Блин!

لعنت!

совок

ڈسٹ پین

ведро с краской

پینٹ پاٹ

винты

سکریوز

музыкальные инструменты

موسیقی نے آلات

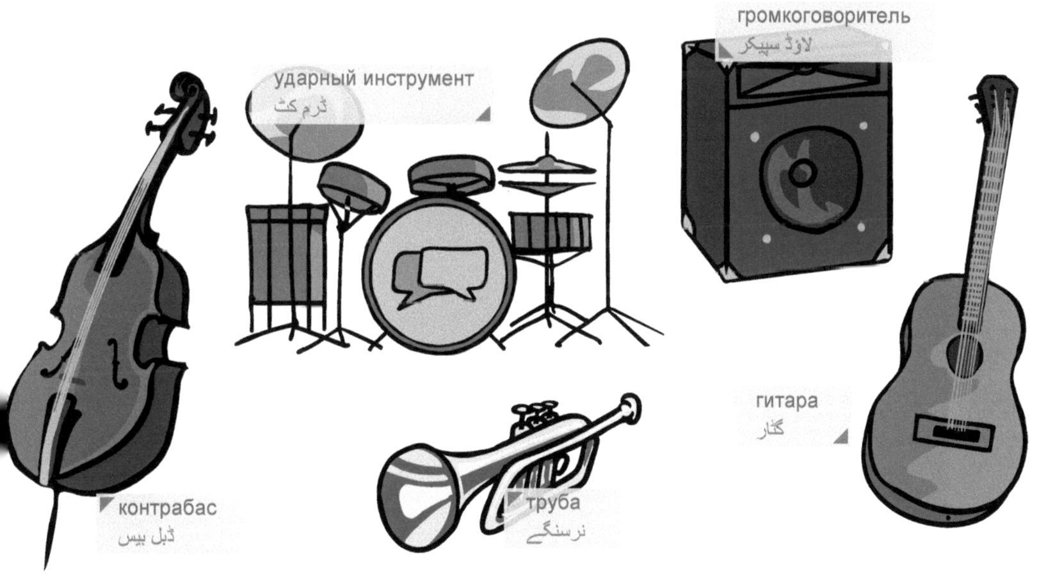

ударный инструмент

ڈرم کٹ

громкоговоритель

لاؤڈ سپیکر

гитара

گٹار

контрабас

ڈبل بیس

труба

نرسنگے

пианино

پیانو

скрипка

وائلن

бас-гитара

بیس

литавры

ٹمپانی

барабан

ڈرمز

синтезатор

کی بورڈ

саксофон

سیکزوفون

флейта

بانسری

микрофон

مائکروفون

зоопарк

چڑیا کھار

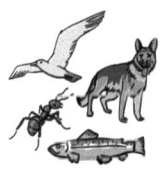

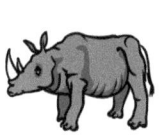

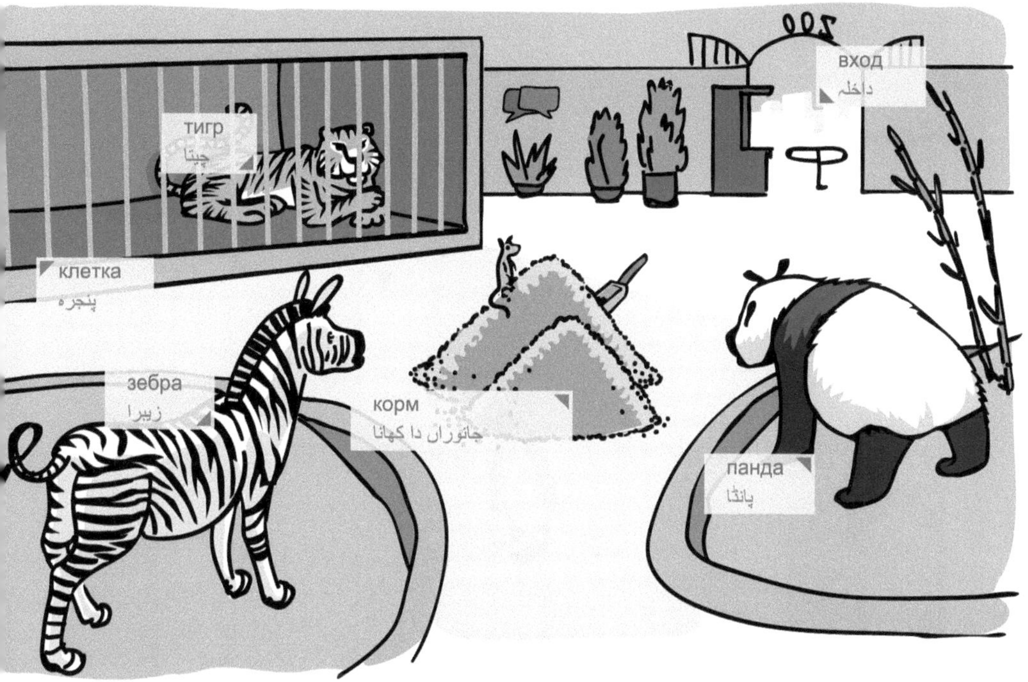

вход
داخلہ
тигр
چیتا
клетка
پنجرہ
зебра
زیبرا
корм
جانوراں دا کھانا
панда
پانڈا

животные

جانور

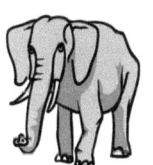

слон

ہاتھی

кенгуру

کینگرو

носорог

گینڈا

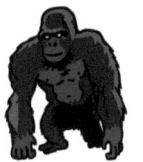

горилла

گوریلا

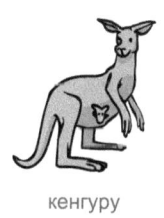

медведь

ریچھ

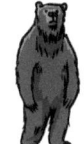

верблюд

اونٹ

страус

شترمرغ

лев

شیر

обезьяна

باندر

фламинго

فلیمنگو

попугай

طوطا

белый медведь

برفانی ریچھ

пингвин

پینگوئین

акула

شارک

павлин

مور

змея

سپ

крокодил

مگرمچھ

служитель зоопарка

چڑیا گھر دا رکھوالا

тюлень

سیل

ягуар

جیگوار

пони

پونی

леопард

لیپرڈ

бегемот

ہپو

жираф

زرافہ

орёл

چیل

кабан

نر سور

рыба

مچھی

черепаха

کچھوا

морж

والرس

лиса

لومبڑ

газель

گیزل

американский футбол
امریکن فٹبال

езда на велосипеде
سائکلنگ

теннис
ٹینس

баскетбол
باسکٹ بال

плавание
سویمنگ

бокс
باکسنگ

хоккей
آئس ہاکی

футбол

فٹبال

бадминтон

بیڈ منٹن

лёгкая атлетика

ایتھلیٹیکس

гандбол

ہینڈ بال

лыжный спорт

سکینگ

поло

پولو

прыгать
چھال مارنا

смеяться
ہنسنا

обнимать
چپٹی پانا

петь
گانا گانا

идти
چلنا

молиться
دعا

целовать
بوسہ

мечтать
خواب

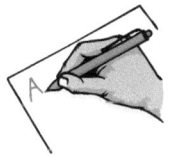

писать
لکھنا

рисовать
لیک لانا

показывать
وکھانا

нажимать
دھکا

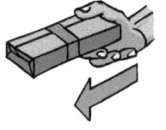

давать
دینا

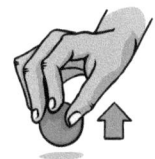

брать
لینا

иметь

بے وے

делать

کرنا

быть

ہو

стоять

کھلونا

бежать

دوڑنا

тянуть

چھکنا

бросать

ستنا

падать

تھینا

лежать

جھوٹ

ждать

انتظار

носить

چکنا

сидеть

بیھنا

надевать

کپڑے پانا

спать

سونا

просыпаться

جاگنا

рассматривать

ویکھنا

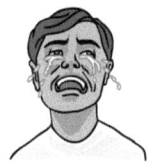

плакать

رونا/چلانا

гладить

سٹروک

причесывать

کنگھا

говорить

گل کرنا

понимать

سمجھنا

спрашивать

پوچھنا/دسنا

слушать

سننا

пить

پینا

кушать

کھانا

наводить порядок

تیار ہونا

любить

محبت

готовить

پکانا

ехать

گڈی چلانا

летать

اڑنا

ходить под парусом

سمندری سفر

считать

کیلکولیٹ

читать

پڑھنا

учиться

سیکھنا

работать

کم

вступать в брак

شادی

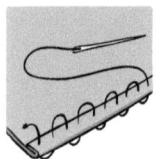

шить

سیونا

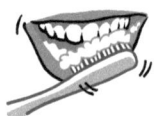

чистить зубы

دند صاف

убивать

قتل

курить

دھواں

отправлять

بھیجنا

семья

کنبہ

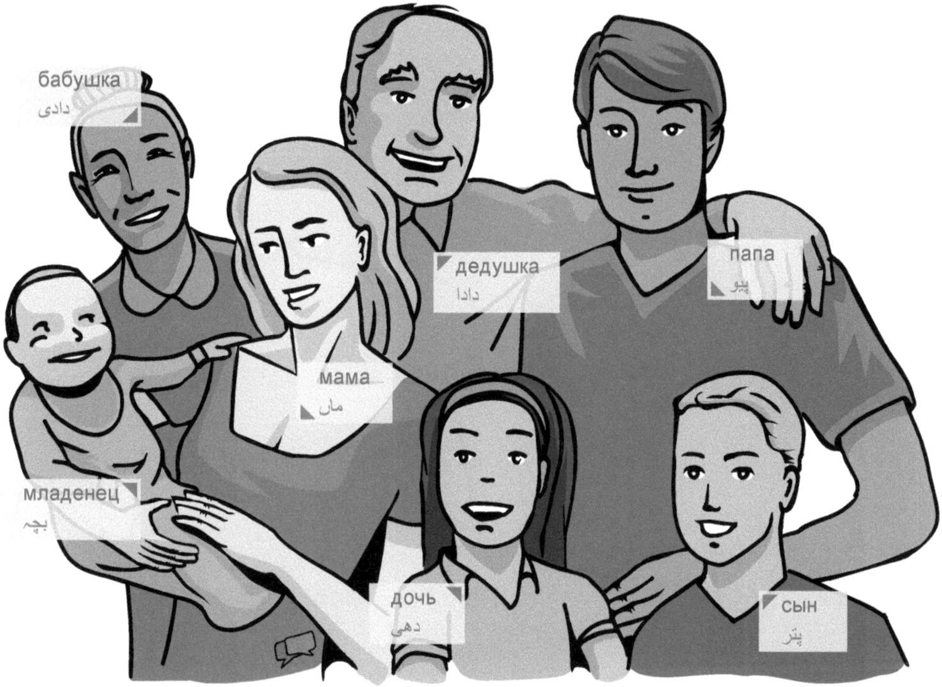
бабушка
دادی
дедушка
دادا
папа
پیو
мама
ماں
младенец
بچہ
дочь
دھی
сын
پتر

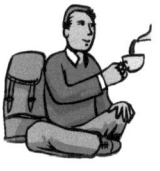

гость

مہمان

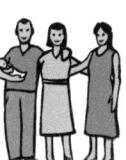

тетя

ماسی / پھو

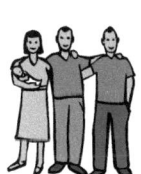

дядя

چاچا/ماما

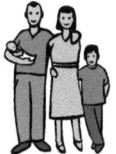

брат

بھرا

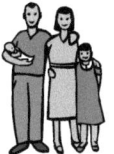

сестра

بہن

лоб
منڈ‌ا

глаз
اکه

плечо
منڈھے

лицо
منه

палец
انگلی

подбородок
ٹھوڑی

кисть
بته

грудь
چھاتی

нога
لت

рука
بانه

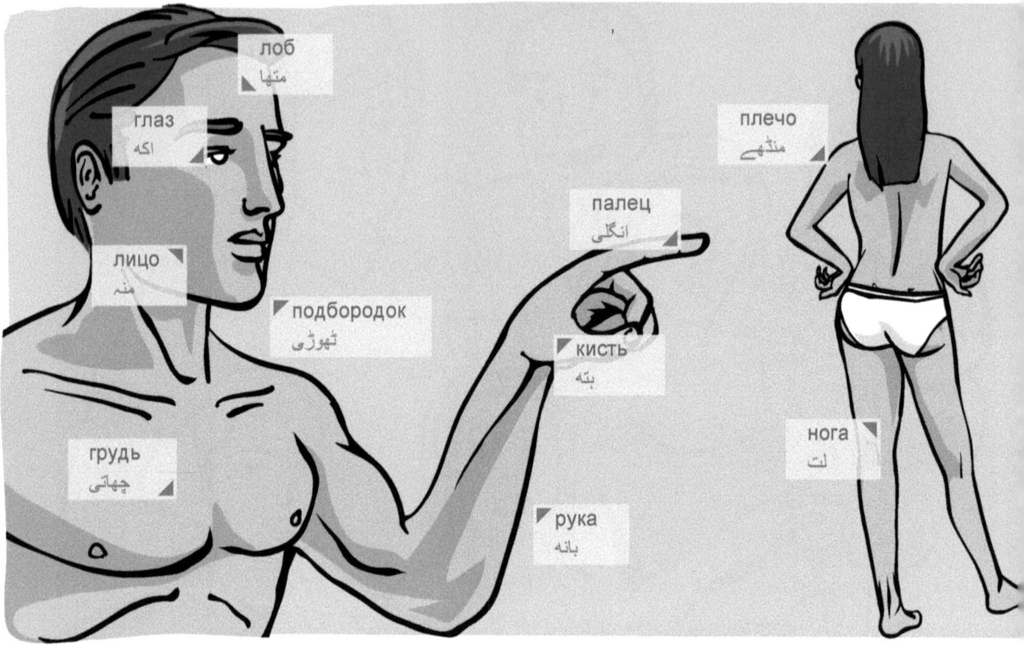

младенец

بچہ

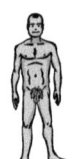

мужчина

بنده

женщина

جنانی

девочка

کڑی

мальчик

مڑا

голова

سر

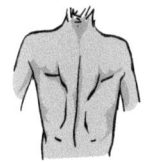

спина

کمر

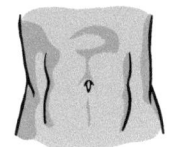

живот

ٹھڈ

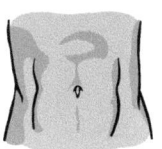

пупок

تھنی

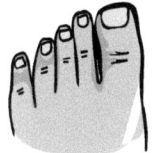

палец ноги

پنجہ

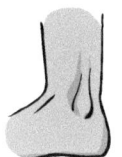

пятка

ایڑی

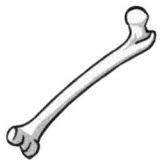

кость

ہڈی

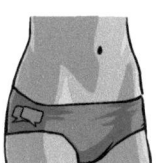

бедро

کولہے

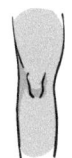

колено

گوٹھے

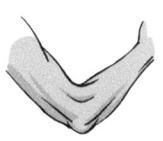

локоть

کہنی

нос

نک

ягодицы

زیر جامہ

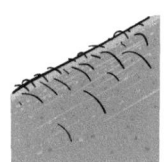

кожа

کھل

щека

گلاں

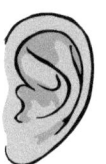

ухо

کن

губа

بل

рот
....
منہ

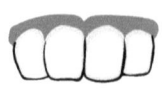

зуб
....
دند

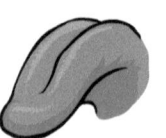

язык
....
زبان

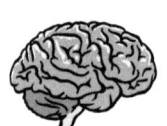

мозг
....
دماغ

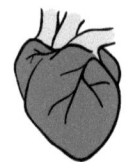

сердце
....
دل

мышца
....
پٹھے

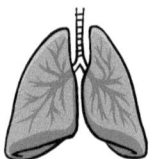

лёгкое
....
پھیپڑے

печень
....
جگر

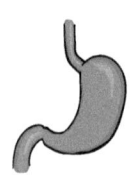

желудок
....
ٹھیّہ

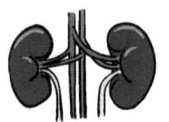

почки
....
گردے

половой акт
....
جنس

презерватив
....
کنڈم

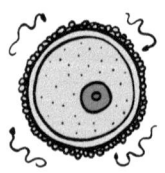

яйцеклетка
....
انڈے

сперма
....
منی

беременность
....
حمل

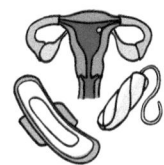

менструация

حيض

вагина

اندام نباتی

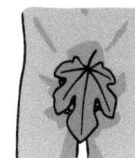

пенис

عضو تناسل

бровь

بھوں

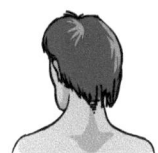

волосы

بال

шея

گردن

больница

ہسپتال

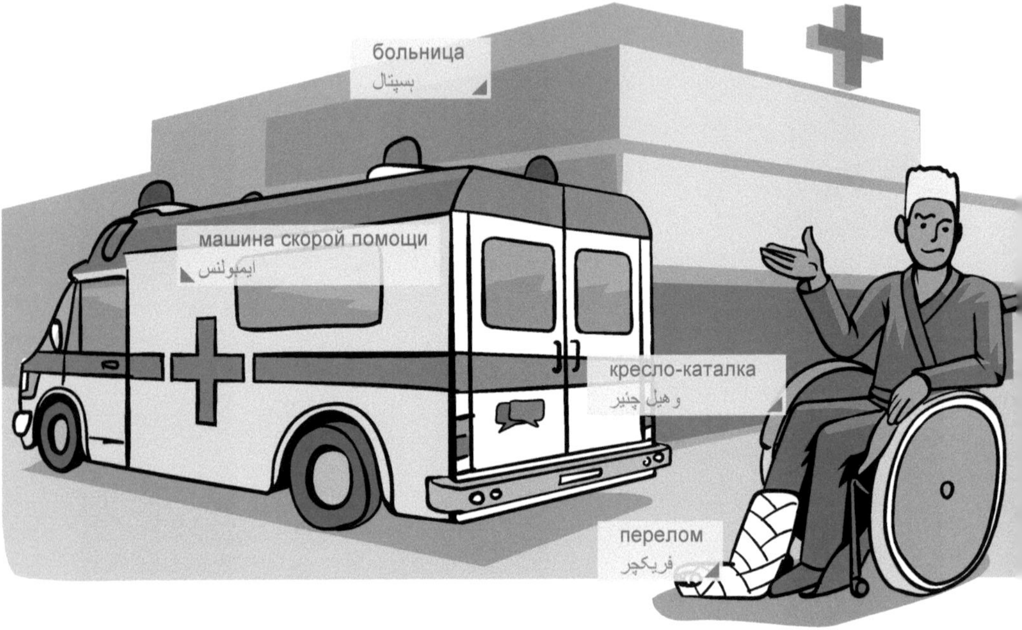

больница
ہسپتال
машина скорой помощи
ایمبولنس
кресло-каталка
وھیل چئیر
перелом
فریکچر

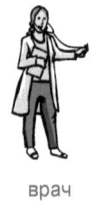

врач

ڈاکٹر

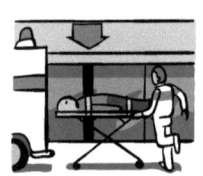

пункт первой помощи

ہنگامی کمرہ

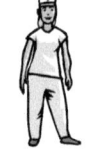

медсестра

نرس

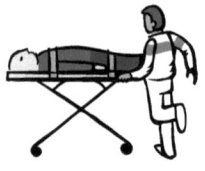

неотложный случай

ایمرجنسی

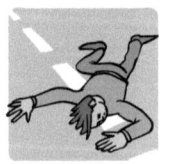

без сознания

بے ہوش

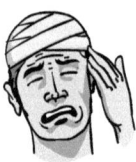

боль

درد

повреждение

سٹ

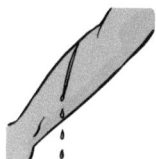

кровотечение

خون نکلنا

инфаркт

دل نا دوره

инсульт

فالج

аллергия

الرجی

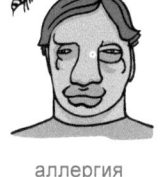

кашель

کھنگ

повышенная температура

تپ

грипп

نزلہ

понос

اسہال

головная боль

سر درد

рак

کینسر

диабет

شوگر (ذیابطس)

хирург

سرجن

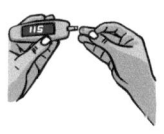

скальпель

سکیلیپل

операция

آپریشن

КТ

سی ٹی

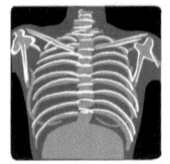

рентген

ایکسرے

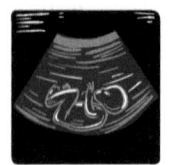

ультразвук

الٹرا ساؤنڈ

маска

چہرہ نا ماسک

болезнь

بماری

приёмная

انتظار گاہ

костыль

بیساکھی

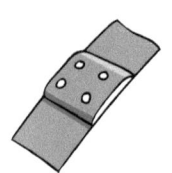

пластырь

پلستر

бинт

پٹی

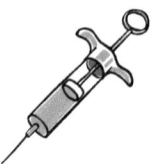

укол

ٹیکہ

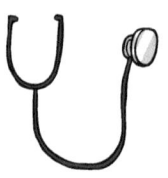

стетоскоп

سٹیتھوسکوپ

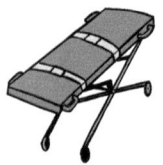

носилки

اسٹریچر

термометр

کلینکل تھرمومیٹر

рождение

پیدائش

избыточный вес

زائدالوزن

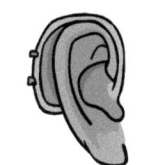

слуховой аппарат

سنن لئی آله

дезинфекционное средство

جراثيمم كش

инфекция

متعدى مرض

вирус

وائرس

ВИЧ / СПИД

HIV/AIDS

лекарство

دوائی

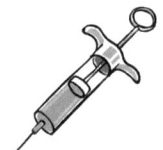

прививка

ویکسینیشن

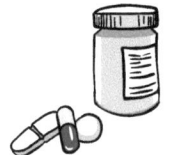

таблетки

گولیاں

противозачаточная таблетка

گولی

экстренный вызов

ہنگامی کال

прибор для измерения кровяного давления

بلڈ پریشر مانیٹر

больной / здоровый

بیمار / صحتمند

Помогите! مدد!	 сигнал тревоги الارم	 нападение حمله
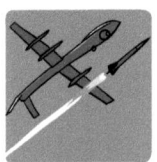 атака حمله	 опасность خطره	 запасной выход ہنگامی اخراج
Пожар! اگ!	 огнетушитель اگ بجهانن والا آله	 несчастный случай حادثہ
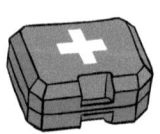 аптечка فرسٹ ایڈ کٹ	 SOS SOS	 милиция پلس

Европа

یورپ

Северная Америка

شمالی امریکہ

Южная Америка

جنوبی امریکہ

Африка

افریقہ

Азия

ایشیاء

Австралия

آسٹریلیا

Атлантический океан

اٹلانٹک

Тихий океан

پیسیفک

Индийский океан

بحیرہ ہند

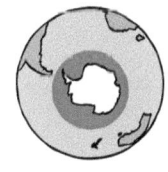

Антарктический океан

بحیرہ انٹارکٹک

Северный Ледовитый океан

بحیرہ آرکٹیک

Северный полюс

قطب شمالی

Южный полюс

قطب جنوبی

Антарктика

انٹارکٹیکا

земля

زمین

суша

خشکی

море

سمندر

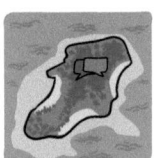

остров

جزیرہ

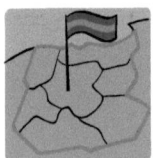

нация

قوم

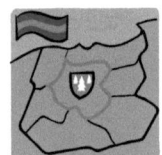

государство

ریاست

циферблат

کلاک فیس

часовая стрелка

نکی سوئی

минутная стрелка

وڈی سوئی

секундная стрелка

سیکنڈ ہینڈ

Который час?

کی ٹائم ہویا اے؟

день

دن

время

وقت

сейчас

ہون

электронные часы

ڈیجیٹل گھڑی

минута

منٹ

час

گھینٹہ

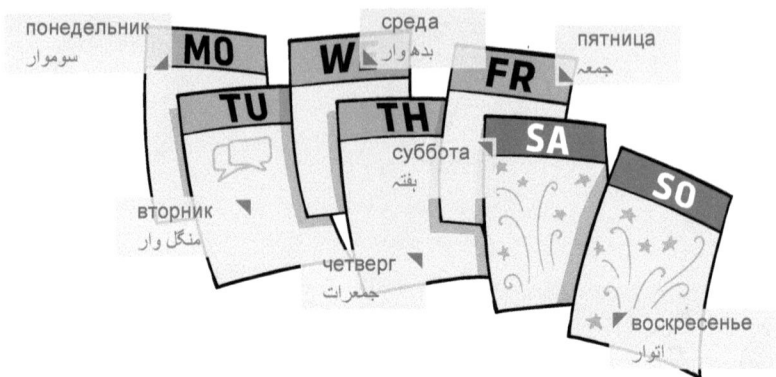

понедельник
سوموار

среда
بدھ وار

пятница
جمعہ

вторник
منگل وار

четверг
جمعرات

суббота
ہفتہ

воскресенье
اتوار

вчера
کل

сегодня
آج

завтра
کل

утро
سویر

полдень
دوپہر

вечер
شام

MO	TU	WE	TH	FR	SA	SU
1	2	3	4	5	6	7
8	9	10	11	12	13	14
15	16	17	18	19	20	21
22	23	24	25	26	27	28
29	30	31	1	2	3	4

рабочие дни
کاروباری دن

MO	TU	WE	TH	FR	SA	SU
1	2	3	4	5	6	7
8	9	10	11	12	13	14
15	16	17	18	19	20	21
22	23	24	25	26	27	28
29	30	31	1	2	3	4

выходные
ویک اینڈ

год

سال

дождь
بارش
радуга
رین بو
ветер
ہوا
снег
برف
весна
بہار
лето
گرمی
осень
خزاں
зима
سردی

4.APRIL 11°
5.APRIL 4°
6.APRIL 13°
7.APRIL 8°
8.APRIL 10°

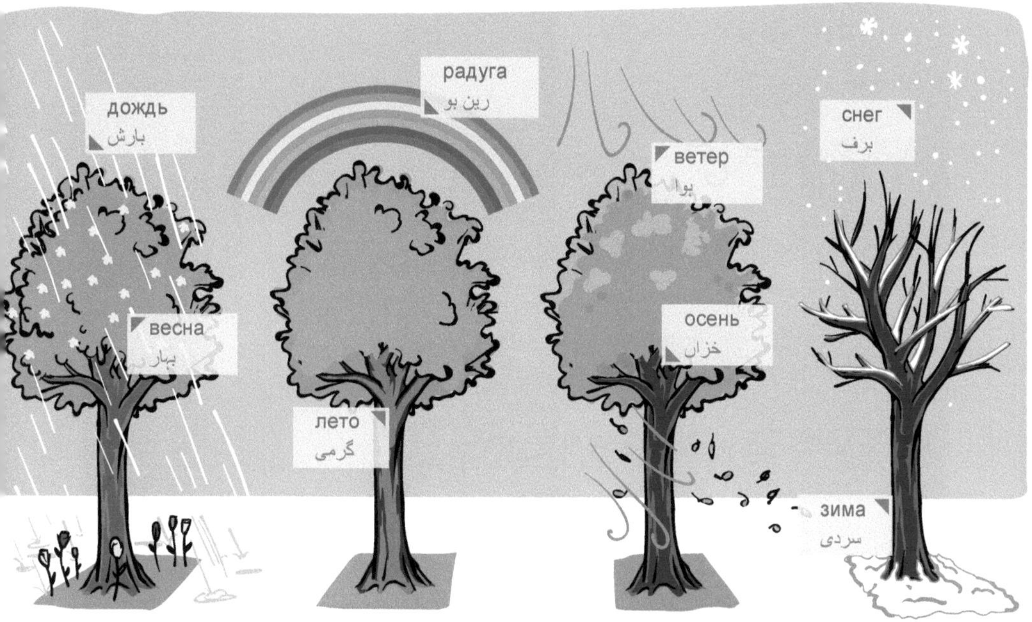

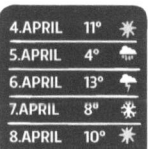

прогноз погоды

موسمی پیشگوئی

F C
120 40
90 30
60 20
30 10
0 0
-30 -10
-20

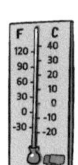

термометр

تھرمامیٹر

солнечный свет

سورج نے چمک

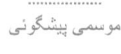

туча

بدل

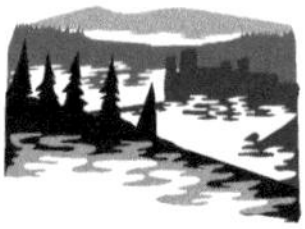

туман

دھند

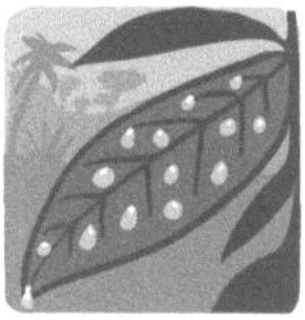

влажность воздуха

نمی

молния

بجلی کڑکنا

гром

گرج

буря

نھیری

град

اولے

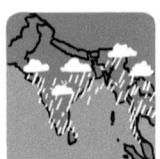

муссон

ساون

наводнение

سیلاب

лёд

برف

январь

جنوری

февраль

فروری

март

مارچ

апрель

اپریل

май

مئی

июнь

جون

июль

جولائی

август

اگست

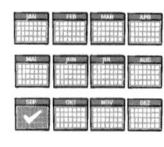

сентябрь

ستمبر

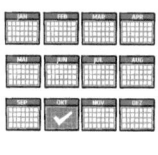

октябрь

اکتوبر

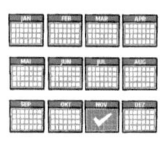

ноябрь

نومبر

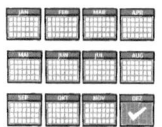

декабрь

دسمبر

формы

شكلاں

круг

گول

квадрат

چوکور

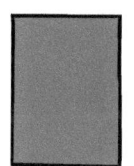

прямоугольник

مستطیل

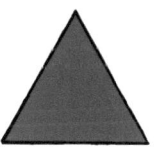

треугольник

مثلث

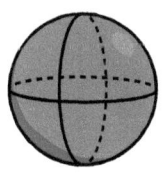

шар

دائرہ نما

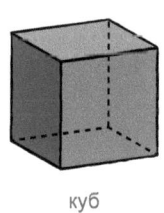

куб

مکعب

белый

چٹا

желтый

پیلا

оранжевый

نارنجی

розовый

گلابی

красный

رتا

лиловый

جامنی

синий

نیلا

зелёный

برا

коричневый

کتھنی

серый

سرمنی

черный

کالا

много / мало

زیاده / گهٹ

яростный / мирный

ناراض / پرسکون

красивый / уродливый

خوبصورت / بدصورت

начало / конец

ابتداء / اختتام

большой / маленький

وٹا / نکا

светлый / темный

روشن / نهيرا

брат / сестра

بهرا / بہن

чистый / грязный

صاف / گندا

полный / неполный

مكمل / نا مكمل

день / ночь

دن / رات

мёртвый / живой

مرده / انده

широкий / узкий

چوڑا / تنگ

съедобный / несъедобный

خوردنی / ناقابل خوردنی

злой / дружелюбный

پھیڑا / چنگا

взволнованный / скучающий

خوش / ناخوش

толстый / худой

موٹا / پتلا

сначала / в конце

پہلا / آخری

друг / враг

دوست / دشمن

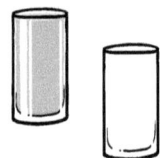

полный / пустой

بھریا / خالی

твёрдый / мягкий

سخت / نرم

тяжёлый / легкий

بھاری / ہلکا

голод / жажда

بھوک / پیاس

больной / здоровый

بیمار / صحتمند

незаконный / законный

قانونی / غیر قانونی

умный / глупый

ذہین / بیوقوف

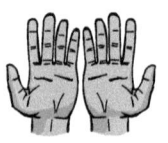

слева / справа

کھبا / سجا

близко / далеко

کولے / دور

новый / подержанный

نواں / پرانا

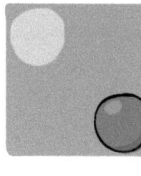

ничто / нечто

کچه نہیں / سب کچه

старый / молодой

بڑھا / جوان

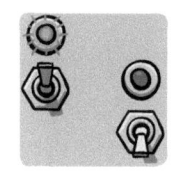

включено / выключено

کھولنا / بند کرنا

открыто / закрыто

کھولنا / بند کرنا

тихо / громко

خاموشی / شور

богатый / бедный

امیر / غریب

правильный /
неправильный

درست / غلط

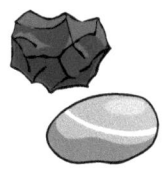

шероховатый / гладкий

کھردرا / ہموار

печальный / счастливый

افسردہ / خوش

короткий / длинный

نکا / لما

медленный / быстрый

آہستہ / تیز

мокрый / сухой

گیلا / خشک

тёплый / прохладный

گرم / ٹھنڈا

война / мир

جنگ / امن

0

ноль

صفر

1

один

اک

2

два

دو

3

три

تن

4

четыре

چار

5

пять

پنج

6

шесть

چھ

7

семь

ست

8

восемь

اٹھ

9

девять

نو

10

десять

دس

11

одиннадцать

یاراں

12

двенадцать

باران

13

тринадцать

تیران

14

четырнадцать

چودا

15

пятнадцать

پندره

16

шестнадцать

سوله

17

семнадцать

ستاراں

18

восемнадцать

اتھاراں

19

девятнадцать

انیہ

20

двадцать

وی

100

сто

سو

1.000

тысяча

ہزار

1.000.000

миллион

ملین

английский

انگریزی

американский английский

امریکی انگریزی

мандаринский китайский

چینی مینڈیرین

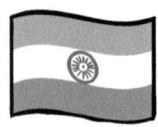

хинди

ہندی

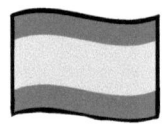

испанский

سپینش

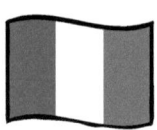

французский

فرینچ

арабский

عربی

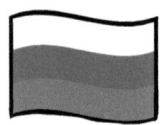

русский

رشئین

португальский

پرتگالی

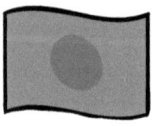

бенгальский

بنگالی

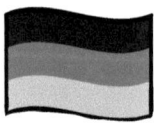

немецкий

جرمن

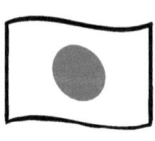

японский

جاپانی

я

میں

ты

توں

он / она / оно

وہ/اوہ/اپیہ

мы

اسمیں

вы

توں

они

او

кто?

کون؟

что?

کی؟

как?

کیوں؟

где?

کتھے؟

когда?

کدوں؟

имя

نال

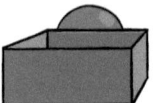

за
....
پیچھے

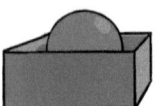

в
....
وچ

перед
....
نے سامنے

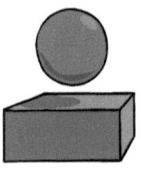

над
....
تے

на
....
تے

под
....
بیٹھ

рядом
....
سوا

между
....
مابین

место
....
جگہ